DEREK PRINCE

DIE
MACHT
des
Opfers

Im Sieg wandeln durch
die Macht des Blutes Jesu

D1727521

INTERNATIONALE BIBELLEHRDIENST

Ein Arbeitszweig von Derek Prince Ministries International

Dieses Buch ist eine editierte und übersetzte Abschrift der Kassette 4255 „How To Apply The Blood" kombiniert mit „Der Tausch am Kreuz" von Derek Prince.

IBL-Deutschland
Schwarzauer Str. 56
83308 Trostberg
Telefon: 08621-64146
Fax: 08621-64147
E-Mail: ibl@ibl-dpm.net

IBL-Schweiz
Alpenblick 8
CH-8934 Knonau
Telefon: +41 (44) 7682506
E-Mail: dpm-ch@ibl-dpm.net

Internet:
www.ibl-dpm.net

Übersetzung:
„Die Macht des Opfers": Thomas Schatton
„Der Tausch am Kreuz": Harald Eckert
Layout: Azar GbR, Trostberg
Druck: WirMachenDruck.de

1. Auflage: 2007
2. Auflage: 2010
3. Auflage: 2015

ISBN: 978-3-932341-71-7

Wenn nicht anders vermerkt, sind die Bibelzitate der Revidierten Elberfelder Übersetzung entnommen. LU = Lutherübersetzung 1984; EÜ = Einheitsübersetzung; GN = Gute Nachricht

Inhalt

1. Die Macht des Opfers

Wie soll man mit Widrigkeiten umgehen? Wie verhält man sich, wenn man unter Druck gerät? Durch alle Zeitalter hindurch hat die Menschheit immer wieder gezeigt, wie unterschiedlich man auf Widerstand und Enttäuschung reagieren kann: zum Beispiel mit Depression, Wut, Leugnen oder auch mit Furcht.

Diese Reaktionen sind sogar unter Menschen weit verbreitet, die eine Beziehung zu Gott haben. Während meines Bibelstudiums bin ich jedoch zu der Überzeugung gelangt, dass so etwas nicht sein muss. Es muss einen Weg geben, wie wir aus den Kämpfen des Lebens siegreich hervorgehen können. Zweifelsohne haben uns das Leiden, die Kreuzigung und die Auferstehung Christi mehr zu geben als uns nur vor einer Ewigkeit in der Hölle zu bewahren. Das Werk des Kreuzes muss einen Einfluss darauf haben, wie wir mit den Umständen, mit denen wir hier auf Erden konfrontiert sind, umgehen.

Ich glaube, dass es dies auch hat. Ich glaube, dass die Bibel lehrt – und die persönliche Erfahrung belegt dies –, dass wir durch das Blut Jesu so viel mehr erhalten als eine Eintrittskarte in den Himmel. Ich glaube, dass, wenn die Bedingungen erfüllt werden, Christen das Blut Jesu in jedem Bereich des Lebens anwenden, und dessen volle Wirksamkeit bezeugen können.

Als Einführung zu diesem Thema möchte ich ganz hinten anfangen – ganz hinten in der Bibel. Die Offenbarung spricht von einer großen Endzeit-Auseinandersetzung, die am Ende dieses Zeitalters vor uns liegt – eine Auseinandersetzung, in die sowohl der Himmel als auch die Erde involviert sein werden. Die Engel Gottes sind darin involviert. Satan und seine Engel sind darin involviert. Und auch die Gläubigen Gottes auf Erden sind darin involviert. Gott sei Dank, dass die Bibel verheißt, dass Gott und Seinem Volk der Sieg gehört. Es wird beschrieben, wie das Volk Gottes auf Erden seinen Teil dazu beiträgt, diesen Sieg zu erlangen. Diese Aussage wird von den Engeln gemacht, jedoch über die Gläubigen auf Erden:

„Und sie haben ihn überwunden durch des Lammes Blut und durch das Wort ihres Zeugnisses und haben ihr Leben nicht geliebt, bis hin zum Tod."

(Offenbarung 12,11; LU)

Mit „sie" sind Leute wie Sie und ich gemeint – Christusgläubige. Mit „ihn" ist Satan gemeint. Dies zeigt deutlich, dass es direkte Auseinandersetzungen zwischen uns und Satan geben kann. Es steht niemand dazwischen: „Sie" haben „ihn" überwunden.

Dann wird uns gesagt, wie sie ihn überwunden haben: „Durch des Lammes Blut und durch das Wort ihres Zeugnisses." Es wird auch noch hinzugefügt, von was für einer Art von Menschen die Rede ist: von hingegebenen – völlig hingegebenen – Menschen. Das ist die einzige Art von Christen, vor der sich Satan fürchtet: völlig hingegebene Christen.

Wenn es in der Bibel heißt: „ (Sie) haben ihr Leben nicht geliebt, bis hin zum Tod", bedeutet dies, dass es für sie nicht die oberste Priorität war, am Leben zu bleiben. Die oberste Priorität war, den Willen Gottes zu tun, ob sie dabei am Leben blieben oder nicht. Das Wichtigste war, dem Herrn gegenüber treu zu sein.

Wir reden hier davon, Soldaten in der Armee Gottes zu sein, aber ich glaube, dass Einige von uns eine nur sehr vage oder sentimentale Vorstellung davon haben, was es bedeutet, Soldat zu sein. Ohne, dass ich die Wahl gehabt hätte, wurde ich einberufen, und war über fünf Jahre lang Soldat in der britischen Armee während des Zweiten Weltkriegs. Und ich bekam bei meiner Einberufung keine nette kleine Bescheinigung vom kommandierenden Offizier, auf der gestanden hätte: „Wir garantieren Ihnen, dass Sie mit Sicherheit nicht Ihr Leben verlieren werden." Kein Soldat ist je unter der Voraussetzung zur Armee gegangen, dass er nicht umkommen wird. Es ist in gewisser Weise ganz im Gegenteil so, dass, wenn immer ein Soldat zur Armee geht, eine Voraussetzung hierfür ist, dass ganz ausdrücklich die Möglichkeit in Betracht gezogen wird, dass er oder sie ums Leben kommt.

In der Armee des Herrn ist es nicht anders. Niemand kann Ihnen garantieren, dass Sie nicht Ihr Leben verlieren könnten. Die Menschen, vor denen sich Satan fürchtet, sind diejenigen, die keine Angst davor haben, ihr Leben zu verlieren. Letztendlich ist das Leben doch verhältnismäßig kurz. Es dauert nicht ewig. Es wäre töricht, die ewige Herrlichkeit wegen ein paar kurzer Jahre auf Erden zu versäumen.

Ich glaube, dass es einsichtiges Selbstinteresse ist, dieses wohlgeordnete Wertegefühl zu besitzen – dieses Festhalten an dem, was wirklich zählt. Es gibt einen wunderbaren Vers im 1. Johannesbrief:

„Die Welt vergeht, und mit ihr die ganze Lust und Gier. Wer aber tut, was Gott will, wird ewig leben."

(1 Joh 2,17; GN)

Wenn Sie Ihren Willen mit dem Willen Gottes in völliger Hingabe vereinen, werden Sie nicht untergehen können. Dann sind Sie unbesiegbar. Ob Sie leben oder sterben, ist von sekundärer Bedeutung, denn Sie können in keinem Fall besiegt werden.

Wir wollen einmal darüber nachdenken, was es bedeutet, Satan durch das Blut des Lammes und das Wort unseres Zeugnisses zu überwinden. Wir überwinden Satan, wenn wir persönlich bekennen, was das Wort Gottes in Bezug auf das, was das Blut Jesu für uns tut, aussagt.

Wir wollen näher darauf eingehen, wie wir dies genau tun können, indem wir uns ein Beispiel aus dem Alten Testament ansehen – aus den Passah-Zeremonien, wie sie in 2. Mose 12 aufgezeichnet wurden. In dieser Zeremonie stellte Gott durch das Opfer eines Passahlamms vollkommenen Schutz für das Volk Israel bereit. Doch sie mussten mit diesem Lamm und dessen Blut gewisse Dinge tun, um diesen Schutz sicherzustellen. Gott spricht:

„Und Mose berief alle Ältesten Israels und sagte zu ihnen: Macht euch daran und nehmt euch nach der Größe eurer Sippen Schafe und schlachtet das Passah. Dann nehmt ein Büschel Ysop und taucht es in das Blut im Becken und streicht etwas von dem Blut, das in dem Becken ist, an die Oberschwelle und an die beiden Türpfosten. Ihr aber – von euch darf bis zum Morgen keiner zur Tür seines Hauses hinausgehen. Und der HERR wird durch das Land gehen, um die Ägypter zu schlagen. Sieht er dann das Blut an der Oberschwelle und an den beiden Türpfosten, wird der HERR an der Tür vorübergehen und wird dem Verderber nicht erlauben, in eure Häuser zu kommen, euch zu schlagen." (2 Mose 12,21-23)

Zu einem bestimmten Zeitpunkt musste jeder Vater ein Lamm von passender Größe für seine Familie auswählen. Dann mussten sie das Lamm opfern und dessen Blut in einem Becken auffangen. Das Blut des Lammes war sehr kostbar. Es durfte nichts davon auf den Boden geschüttet werden.

Doch selbst das geschlachtete Lamm und das Blut im Becken allein schützten keinen einzigen Menschen. Die Väter mussten das Blut vom Becken auf die Haustür ihres Hauses übertragen, und es an die Oberschwelle und die beiden Türpfosten streichen oder diese damit besprengen, die Türschwelle jedoch musste ausgelassen werden. Niemand sollte je über das Blut hinweggehen.

Das Schicksal Israels hing also vollständig davon ab, dass das Blut vom Becken auf die Tür übertragen wurde, ohne dass auch nur ein Teil davon den Boden berührte. Wie sollten sie dies tun? Mit einem Büschel. Ysop ist eine Art Wildpflanze, die überall im Nahen Osten blüht. Gott wies sie an, ein kleines Büschel Ysop auszuraufen, es in das Blut im Becken zu tauchen und damit dann die Tür zu bestreichen. Ich finde es interessant, dass dieses bescheidene, unwichtige Kraut für die Errettung Israels wesentlich wurde.

Dann stellte Gott noch eine weitere Anforderung. Er sagte, dass, sobald dieses Blut auf die Türpfosten und die Oberschwelle gestrichen worden war, die Israeliten im Haus bleiben mussten. Dort waren sie geschützt. Wenn sie hinausgegangen und den von Blut geschützten Raum verlassen hätten, wären sie ungeschützt gewesen.

Wir wollen das ganze nun auf unsere Situation übertragen. Paulus sagt, dass Christus unser Passahlamm ist, das für uns geopfert wurde. Das Blut ist im Becken. Doch vergessen Sie nicht, dass das Blut im Becken niemanden schützt. Wir sind in derselben Situation, in der sich Israel befand. Wir müssen das Blut aus dem Becken nehmen und da anwenden, wo wir leben. Dann sind wir geschützt – vorausgesetzt, dass wir Gott gehorsam sind. Wie bekommen wir aber das Blut des Opfers (Jesus) vom Becken an den Ort, an dem wir leben? An diesem Punkt wird Offenbarung 12,11 wichtig: „Sie haben ihn überwunden durch des Lammes Blut und durch das Wort ihres Zeugnisses."

Wir überwinden Satan, indem wir persönlich bekennen, was laut des Wortes Gottes das Blut Jesu für uns tut. Unser persönliches Zeugnis seiner Macht ist das, was das Blut vom Becken an den Ort, an dem wir leben, befördert. In diesem Zusammenhang ist mit dem Wort *Zeugnis* nicht der ganze Bericht darüber gemeint, wie Sie Christ geworden sind, sondern vielmehr, dass man ein paar schriftgemäße Worte sagt. Dies ist mit dem kleinen Ysop-Büschel vergleichbar: es ist Teil unserer Errettung. Es ist unser Schutz.

Ich kann die Bedeutung unseres Zeugnisses gar nicht genug betonen. Im Hebräerbrief wird dieser Punkt untermauert:

> *„Daher, heilige Brüder, Teilhaber der himmlischen Berufung, betrachtet den Apostel und Hohenpriester unseres Bekenntnisses, Jesus. "* (Hebräer 3,1)

Der Verfasser des Hebräerbriefes nennt Jesus den „Hohenpriester unseres Bekenntnisses." *Bekenntnis* bedeutet wörtlich „dasselbe sagen wie." Für uns als Bibel- und Christusgläubige bedeutet Bekenntnis, dasselbe mit unserem Mund zu sagen wie Gott in Seinem Wort. Wir lassen die Worte unseres Mundes mit dem Wort Gottes übereinstimmen. Und Jesus ist der Hohepriester unseres Bekenntnisses. Kein Bekenntnis; kein Hohepriester.

Ohne unsere bewusste, vorsätzliche Übereinstimmung mit dem Wort Gottes kann uns Jesus nicht vor Gott vertreten. Er kann nur dann für unsere Belange eintreten, wenn wir das richtige Bekenntnis ablegen. Im Matthäusevangelium sagt Jesus: „Aus deinen Worten wirst du gerechtfertigt werden, und aus deinen Worten wirst du verdammt werden." (12,37) Sie legen Ihr Schicksal fest durch die Worte, die Sie sprechen.

Jakobus sagte, die Zunge sei wie das Steuerruder eines Schiffes. Es ist ein sehr kleines Teil vom Schiff, doch es bestimmt genau, wohin das Schiff steuert (Jakobus 3,4). Und wir bestimmen die Richtung unseres Lebens auf Grund dessen, wie wir unsere Zunge benutzen. Viele Christen sind sehr fahrlässig und unbedacht in der Art und Weise, wie sie ihre Zunge benutzen: „Ich sterbe vor Hunger." „Ich lach' mich tot." „Dieser Unsinn treibt mich noch in den Wahnsinn." Ich halte es grundsätzlich für besser, wenn man nichts über sich selbst sagt, von dem man nicht möchte, dass Jesus es wahr werden lässt.

Und machen Sie sich nicht selbst schlecht, denn Gott hält sehr viel von Ihnen. Er hat schließlich das Blut Seines Sohnes in Sie investiert. Wenn Sie sich selbst kritisieren, kritisieren Sie in Wahrheit die Arbeit Gottes. Im Epheserbrief sagt Paulus, dass wir Seine Geschöpfe, Seine Werke, Seine Gebilde, Seine Wertarbeit sind (Epheser 2,10). Ich glaube, dass es auf gefährliche Weise anmaßend ist, die Wertarbeit Gottes zu kritisieren. Natürlich wuchert auf der einen Seite der Stolz bei Christen wild vor sich hin, aber auf der anderen Seite ist es ein genau so großes Problem, wenn man sich zu gering einschätzt.

Das „Wort unseres Zeugnisses" ist das Mittel, durch das das Blut Jesu dort Anwendung findet, wo wir leben. Sie können jedoch dann über das, was die Bibel über das Blut Jesu sagt, Zeugnis ablegen, wenn Sie tatsächlich auch wissen, was im Wort Gottes überhaupt steht. Eine grundlegende Voraussetzung ist deshalb, zu wissen, was die Bibel über das Blut Jesu lehrt.

In den nächsten Kapiteln betrachten wir sieben grundlegende Weisen, auf die laut der Offenbarung des Neuen
Testaments das Blut Jesu für uns wirksam wird.

2. Die Erlösung

In Epheser 1,7 schreibt Paulus: „In ihm haben wir die Erlösung durch sein Blut." Erlösung bedeutet, „zurückgekauft werden." Wir waren in der Hand des Teufels, und Jesus hat uns durch Sein Blut zurückgekauft. Petrus erläutert darüber hinaus:

> *„Denn ihr wisst, dass ihr nicht mit vergänglichen Dingen, mit Silber oder Gold, erlöst worden seid von eurem nichtigen, von den Vätern überlieferten Wandel, sondern mit dem kostbaren Blut Christi als eines Lammes ohne Fehler und ohne Flecken. "* (1 Petrus 1,18-19; z. T. LU)

Beachten Sie an dieser Stelle, wie uns die Art und Weise, wie Petrus das Wort *Lamm* verwendet, zum Passah zurückführt. Jesus war ohne Fehler – ohne Ursünde. Er war ohne Flecken – ohne eigene Sünde. Und wir wurden durch Sein Blut erlöst.

Werfen wir nun einen Blick auf Psalm 107 und sehen uns einmal an, welche praktischen Auswirkungen dies hat:

> *„So sollen alle sprechen, die vom Herrn erlöst sind, die er von den Feinden befreit hat. "* (Vers 2; EÜ)

Wenn wir erlöst sind, müssen wir so sprechen. Wenn wir nicht so sprechen, gibt es auch keine Erlösung. Es ist Ihr Bekenntnis – Ihr Zeugnis – wodurch die Erlösung für Sie wirksam wird. Andernfalls bleibt das Blut im Becken.

Sie könnten beispielsweise – und es kann nicht nur auf dieses Weise ausgedrückt werden – laut die folgenden Worte laut aussprechen:

Durch das Blut Jesu wurde ich aus der Hand des Teufels befreit.

Ich weiß ohne Zweifel ganz genau, wo ich mich befand, als mir Jesus begegnete. Ich war in der Hand des Teufels – darüber herrscht bei mir nicht der geringste Zweifel. Aber heute bin ich nicht mehr dort, weil ich durch das Blut Jesu erlöst und aus der Hand des Teufels befreit wurde. Wenn Sie Ihren Stolz und Ihr Unbehagen überwinden und Ihr Zeugnis, Ihr Bekenntnis, laut aussprechen, werden Sie beginnen, Freiheit auf eine Weise zu erfahren wie niemals zuvor.

3. Die Reinigung

Johannes beschreibt die zweite Weise, auf die das Blut Jesu für uns wirksam wird:

> *„Wenn wir aber im Licht wandeln, wie er im Licht ist, haben wir Gemeinschaft miteinander, und das Blut Jesu, seines Sohnes, reinigt uns von jeder Sünde."* (1 Joh 1,7)

In der Originalsprache stehen alle Verben in diesem Vers in der Verlaufsform der Gegenwart. Es ist wichtig, sich dessen bewusst zu sein. Wenn wir *fortwährend* im Licht wandeln, haben wir *fortwährend* Gemeinschaft miteinander. Beachten Sie, dass der Beleg dafür, dass Sie im Licht wandeln, der ist, dass Sie Gemeinschaft mit anderen Gläubigen haben (eine Beziehung zu ihnen unterhalten, mit ihnen interagieren). Man könnte also sagen, dass, wenn Sie keine Gemeinschaft haben, Sie sich selbst einmal daraufhin überprüfen sollten, ob Sie weiterhin im Licht wandeln.

Das Blut reinigt nicht in der Dunkelheit. Wenn Sie das Licht verlassen – wenn Sie es zulassen, dass Ihre Handlungen im Schatten geschehen – werden Ihre Beziehungen darunter leiden, und, was noch viel bedeutsamer ist, Sie beeinträchtigen die Kraft des Blutes Jesu, Sie zu reinigen.

Das Blut Jesu reinigt uns kontinuierlich, unabhängig davon, wo wir gerade sind, solange wir im Licht bleiben. Wir können uns in den lasterhaftesten Situationen mit den durchtriebensten Menschen befinden, und auch wenn unablässig negativer Druck auf uns ausgeübt wird: Solange wir im Licht wandeln, reinigt uns das Blut Jesu *kontinuierlich* von aller Sünde.

Psalm 51 ist der große Bußpsalm Davids. Nachdem er seiner beiden großen Sünden, der des Ehebruchs und der des Mordes, überführt worden war, wandte er sich Gott mit diesem gewaltigen Bußschrei und seinem innigen Flehen zu. In Vers 9 sagt er: „Entsündige mich mit Ysop, und ich werde rein sein; wasche mich, und ich werde weißer sein als Schnee."

Hier finden wir eine weitere Parallele zum Passah: Ysop. David trat aus dem Schatten heraus, um die reinigende Kraft Gottes in Anspruch zu nehmen.

Was für eine Zuversicht und Sicherheit doch darin steckt, zu wissen, wohin man gehen kann, wenn man schuldig ist. Halten Sie doch einmal für einen Moment inne und denken Sie über die Milliarden von Menschen nach, die schuldig sind und nicht wissen, wohin sie mit ihrer Schuld gehen können. Stellen Sie sich vor, wie es wäre, ein Schuldbewusstsein zu haben – von den Auswirkungen der eigenen Sünde gequält zu werden – und nicht zu wissen, wohin man gehen kann, um Vergebung und Frieden zu erlangen. So kann man den Zustand der Menschheit heutzutage beschreiben.

Um diese Wahrheit praktisch anzuwenden, können Sie laut einen Satz wie den folgenden sagen:

Wenn ich im Licht wandle, reinigt mich das Blut Jesu, jetzt und fortwährend, von aller Sünde.

Damit wird erklärt, dass Sie nicht nur in diesem Augenblick beschirmt werden, sondern von diesem Moment an, solange Sie im Licht wandeln.

4. Die Rechtfertigung

Rechtfertigung ist einer dieser theologischen Begriffe, die die Leute nicht so recht definieren können. Das griechische Wort bedeutet in seiner Grundform „gerecht machen", doch es hat in seiner Bedeutung verschiedene Schattierungen. Paulus schreibt:

> *„Nachdem wir jetzt durch sein Blut gerecht gemacht sind, werden wir durch ihn vom Zorn gerettet werden."*
> (Römer 5,9; z.T. EÜ)

Nehmen Sie einmal an, Sie stünden wegen eines Kapitalverbrechens vor Gericht. Ihr Leben steht auf dem Spiel. Wenn das Urteil „nicht schuldig" lautet, ist das Rechtfertigung. Sie wurden freigesprochen.

Doch Rechtfertigung bedeutet mehr als nur Freispruch. Sie wurden gerecht gemacht – Sie nehmen vor Gott den rechten Stand ein – durch die Gerechtigkeit Jesu Christi. Wenn Sie sich auf Ihre eigene Gerechtigkeit verlassen würden, würden Sie nicht auch nur annähernd den rechten Stand vor Gott einnehmen. Sie müssen sich also auf die Gerechtigkeit Jesu Christi verlassen.

Wenn ich völlig gerechtfertigt worden bin, ist es so, als hätte ich nie gesündigt. Warum? Weil ich durch die Gerechtigkeit Jesu gerecht gemacht worden bin, und Er nie gesündigt hat. Er hatte keinerlei Schuld. Er hatte keine

Vergangenheit, die verdeckt hätte werden müssen. Jesaja drückt dies auf wunderbare Weise aus:

> *„Freuen, ja freuen will ich mich in dem HERRN! Jubeln soll meine Seele in meinem Gott! Denn er hat mich bekleidet mit Kleidern des Heils, den Mantel der Gerechtigkeit mir umgetan. "*   (Jesaja 61,10a)

Jesaja feiert zwei Dinge, die ihm Gott zuteil werden lässt: Heil und Gerechtigkeit. Wenn Sie an Jesus und Sein Opfer für Sie glauben, werden Sie in Kleider des Heils gekleidet. Doch damit hört es nicht auf. Sie werden mit dem Mantel der Gerechtigkeit bekleidet werden. In der Einheitsübersetzung heißt es: „Er hüllt mich in den Mantel der Gerechtigkeit".

Sie sind mit der Gerechtigkeit Jesu Christi völlig bedeckt. Der Teufel hat nichts, was er gegen Sie sagen könnte. Wenn er Sie an alles erinnert, was Sie falsch gemacht haben, dann stimmen Sie ihm zu. Sagen Sie: „Du hast wirklich Recht, Satan. Doch das liegt alles in der Vergangenheit. Jetzt bin ich mit der Gerechtigkeit Jesu bekleidet. Sieh mal, ob du daran etwas Falsches finden kannst!"

Nehmen wir dies nun laut für uns in Anspruch:

Durch das Blut Jesu bin ich gerechtfertigt, freigesprochen, nicht schuldig, als rechtschaffen erachtet, gerecht gemacht – so als ob ich nie gesündigt hätte.

5. Die Heiligung

Die nächste Weise, auf die das Blut Jesu für uns wirksam wird, wird in Hebräer beschrieben:

> *„Darum hat auch Jesus, um das Volk durch sein eigenes Blut zu heiligen, außerhalb des Tores gelitten."*
> (Hebräer 13,12)

Im griechischen Urtext sind die Worte *heiligen* und *Heiligkeit* genauso wie im Deutschen direkt miteinander verwandt. *Heiligen* heißt im Englischen *to sanctify*, wovon sich das deutsche Wort *Sankt* ableitet, was so viel wie *Heiliger* bedeutet. Heiligen oder heilig machen bedeutet so viel wie „absondern".

Das Ganze hat zwei verschiedene Aspekte: *Wovon* wir abgesondert sind, und *wozu* wir abgesondert sind. Wir sind von der Sünde und allem, was verunreinigt, abgesondert. Und dann sind wir durch die Heiligkeit Gottes geheiligt. Wenn wir über die Züchtigung durch Gott sprechen, fällt unser Blick auf den Hebräerbrief, in dem es heißt, dass uns unsere irdischen Väter uns nach bestem Wissen und Gewissen eine Zeit lang in unserem Leben gezüchtigt haben. Doch Gott tut dies auf andere Weise:

> *„Denn sie züchtigten uns zwar für wenige Tage nach ihrem Gutdünken, er aber zum Nutzen, damit wir seiner Heiligkeit teilhaftig werden."* (Hebräer 12,10)

Beachten Sie, dass wir auch hier wieder selbst nichts mit einbringen. Wir werden genau so wenig durch unsere eigene Heiligkeit geheiligt, wie wir durch unsere eigene Gerechtigkeit gerecht gemacht werden. Wir sind Seiner Heiligkeit teilhaftig durch das Blut Jesu. Die verbale Proklamation dieses Sachverhalts könnte in etwa folgendermaßen klingen:

Durch das Blut Jesu wurde ich heilig gemacht, von der Sünde abgetrennt, für Gott abgesondert, geheiligt durch die Heiligkeit Gottes.

6. Das Leben

Das Blut Jesu errettet uns nicht nur von der Sünde, es schenkt uns auch etwas Positives: Leben.

„Denn das Leben des Fleisches ist im Blut, und ich selbst habe es euch auf den Altar gegeben, Sühnung für eure Seelen zu erwirken." (3 Mose 17,11a; z.T. wörtl. a. d. Engl.)

Das Blut erwirkt Sühnung für die Seele. Das Leben Gottes – das Leben des Schöpfers – kommt also durch das Blut Jesu zu uns.

Unser menschlicher Verstand ist nicht in der Lage, das Potential, das in dieser Aussage steckt, zu ergründen, weil der Schöpfer unendlich viel größer ist als alles, was Er erschaffen hat. Wir können unmöglich erfassen, wie umfassend die die Kraft ist, die im Blut Jesu steckt. In einem Tropfen des Blutes Jesu steckt mehr Kraft als im gesamten Reich Satans, weil im Blut Jesu das ewige, ungeschaffene, maßlose Leben Gottes steckt – ein Leben, das bereits bestanden hat, bevor irgendetwas erschaffen wurde. Mit diesem Hintergrund wollen wir einen Blick auf Johannes 6 werfen:

„Da sprach Jesus zu ihnen: Wahrlich, wahrlich, ich sage euch: Wenn ihr nicht das Fleisch des Menschensohns eßt und sein Blut trinkt, so habt ihr kein Leben in euch. Wer mein Fleisch ißt und mein Blut trinkt, der hat das ewige Leben, und ich werde ihn am letzten Tage auferwecken.

Denn mein Fleisch ist die wahre Speise, und mein Blut ist der wahre Trank. Wer mein Fleisch ißt und mein Blut trinkt, der bleibt in mir und ich in ihm. Wie mich der lebendige Vater gesandt hat und ich lebe um des Vaters willen, so wird auch, wer mich ißt, leben um meinetwillen."

(Joh 6,53-57; z. T. LU)

Ich begann meinen christlichen Dienst im Jahre 1946 in einer arabischen Stadt namens Ramalla, die ein wenig nördlich von Jerusalem liegt. Zu jener Zeit sprachen wir zuhause Arabisch. Und wann immer ich an die Abendmahlsfeier denke, kommt mir in den Sinn, was damals die Araber gesagt haben: „Lasst uns das Blut Jesu trinken."

Das war keine seltsame, supergeistliche Ausdrucksweise; auf diese Weise sprachen sie über das Abendmahl. Man könnte diese Aussage auf unterschiedliche Weise betrachten, aber wenn ich das Abendmahl einnehme, empfange ich das Leben, das im Blut Jesu steckt. Manche von uns haben gelernt, dass wir das Abendmahl nur im Gedenken einnehmen. Dies entspricht jedoch nicht dem, was Jesus gesagt hat. Er sagte: „Ihr esst mein Fleisch und trinkt mein Blut."

Es gibt verschiedene Ansichten darüber, wie es für uns lebendig wird. Die Katholiken und andere liturgische Kirchen glauben, dass dies durch die Wandlung bzw. Weihung durch den Priester geschieht. Ich muss offen gestehen, dass ich nicht dieser Ansicht bin. Ich glaube, dass der Glaube der ausschlaggebende Faktor ist. Wenn ich das Abendmahl im Glauben einnehme und dem glaube, was Jesus in Seinem Wort gesagt hat, wird es genau zu dem, als was Er es bezeichnet hat. Und dadurch wird uns Leben geschenkt. Paulus sagt:

„Ist der Kelch des Segens, über den wir den Segen sprechen, nicht Teilhabe am Blut Christi? Ist das Brot, das

wir brechen, nicht Teilhabe am Leib Christi?"
                                        (1 Kor 10,16; EÜ)

Im darauf folgenden Kapitel erinnert uns Paulus an die Art und Weise, wie Jesus das Abendmahl eingeführt hat:

„Denn ich habe von dem Herrn empfangen, was ich euch weitergegeben habe: Der Herr Jesus, in der Nacht, da er verraten ward, nahm er das Brot, dankte und brach's und sprach: Das ist mein Leib, der für euch gegeben wird; das tut zu meinem Gedächtnis. Desgleichen nahm er auch den Kelch nach dem Mahl und sprach: Dieser Kelch ist der neue Bund in meinem Blut; das tut, sooft ihr daraus trinkt, zu meinem Gedächtnis. Denn sooft ihr von diesem Brot eßt und aus dem Kelch trinkt, verkündigt ihr den Tod des Herrn, bis er kommt." (1 Kor 11,23-26; LU)

Es ist vollkommen richtig, dass wir dies zu Seinem Gedächtnis tun – doch was tun wir zu Seinem Gedächtnis? Wir nehmen Seinen Leib zu uns. Für mich ist dies keine Lehrmeinung oder Theorie, sondern lebendige Wirklichkeit.

Meine Frau Ruth und ich haben gemeinsam als Ehepaar jeden Morgen das Abendmahl eingenommen. Ich brach dabei immer das Brot und sagte: „Herr Jesus, wir empfangen dieses Brot als Dein Fleisch." Und dann aßen wir. Und dann teilten wir einen Becher miteinander und ich sagte immer: „Herr Jesus, wir empfangen diesen Becher als Dein Blut." Dann sagte ich: „Indem wir dies tun, verkündigen wir Deinen Tod, bis Du kommst."

Wenn Sie das Abendmahl einnehmen, verkündigen Sie den Tod des Herrn, bis Er kommt. Sie sind außerhalb des gesamten unmittelbaren zeitlichen Kontextes. Wir haben abgesehen von Seinem Kreuz keine Vergangenheit, und keine Zukunft außerhalb Seines Kommens. Wir verkündigen Seinen Tod, bis Er kommt. Und jedes Mal, wenn wir dies tun, erinnern wir uns selbst daran, dass Er wiederkehren wird. Um dies verbal zu bekräftigen, könnten Sie sagen:

Herr Jesus, wenn ich Dein Blut empfange, empfange ich dadurch Dein Leben, das Leben Gottes – göttliches, ewiges, endloses Leben.

7. Die Fürsprache

Die letzten beiden Weisen, auf die das Blut für uns wirksam wird, versetzen uns aus dem Bereich der Zeit in den himmlischen und ewigen Bereich hinein – den Bereich, zu dem es uns schlußendlich ohnehin hinzieht. Im Hebräerbrief finden wir das nächste Gebiet, auf dem uns das Blut Jesu dient:

> *„Ihr seid vielmehr zum Berg Zion gekommen, zur Stadt des lebendigen Gottes, dem himmlischen Jerusalem, zu Abertausenden von Engeln, zu einer festlichen Versammlung und zur Gemeinschaft der Erstgeborenen, die im Himmel verzeichnet sind; zu Gott, dem Richter aller, zu den Geistern der schon vollendeten Gerechten, zum Mittler eines neuen Bundes, Jesus, und zum Blut der Besprengung, das mächtiger ruft als das Blut Abels."*
> (Heb 12,22-24; EÜ; z. T. wörtl. a. d. Engl.)

Beachten Sie die Wendung „Ihr *seid gekommen*." Wir *werden* nicht erst *kommen*, sondern im Geist *sind* wir *gekommen*.

Es werden acht Dinge aufgezählt, zu denen wir gekommen sind: zum Berg Zion; zur Stadt des lebendigen Gottes; zum himmlischen Jerusalem (nicht dem irdischen, sondern dem himmlischen Jerusalem); zu einer unzählbar großen Gruppe von Engeln; zur Gemeinschaft der Erstgeborenen, die im Himmel verzeichnet sind; zu Gott, dem Richter aller; zu den Geistern der schon vollendeten

Gerechten; zu Jesus, dem Mittler des neuen Bundes; und schließlich zum Blut der Besprengung, das mächtiger ruft als das Blut Abels.

Das vergossene Blut Jesu, das für uns im Himmel eintritt, wird dem Blut Abels gegenübergestellt. Es gibt drei wesentliche Gegensätze:

1) Das Blut Abels wurde gegen Sein Willen vergossen.
   Jesus gab Sein Blut willentlich.

2) Das Blut Abels wurde vor tausenden von Jahren auf die Erde vergossen.
   Das Blut Jesu wird bis in die Gegenwart hinein in der Gegenwart Gottes vergossen.

3) Das Blut Abels schrie nach Vergeltung.
   Das Blut Jesu erbittet Barmherzigkeit.

Das ist eine so wunderbare Offenbarung. Es gibt Zeiten, in denen wir schwach sind, wenn wir Druck ausgesetzt sind. Wir können nur beten. Wir fragen uns, ob wir überhaupt noch den nächsten Atemzug werden machen können. Es ist gut zu wissen, dass in solchen Zeiten das Blut Jesu – vergossen in der direkten Gegenwart Gottes – immer unser Fürsprecher ist und den Vater für uns um Barmherzigkeit anruft. Stimmen Sie dem zu, indem Sie laut sagen:

Ich danke Dir, Herr, dass selbst dann, wenn ich nicht einmal mehr beten kann, das Blut Jesu für mich im Himmel bittet.

8. Der Zugang

Werfen wir einen Blick auf Hebräer 10. Beachten Sie, dass es hier mit Freimütigkeit beginnt. Das griechische Wort, das hier verwendet wird, bedeutet *Redefreiheit*. Es ist sehr wichtig, dass unsere Freimütigkeit uns Redefreiheit schenkt. Vergessen Sie nicht, dass die Kraft in unserem Bekenntnis liegt. Wenn wir nicht bekennen, haben wir sie nicht.

> *„Da wir nun, Brüder, durch das Blut Jesu Freimütigkeit haben zum Eintritt in das Heiligtum, den er uns eröffnet hat als einen neuen und lebendigen Weg durch den Vorhang – das ist durch sein Fleisch – und einen großen Priester über das Haus Gottes, so lasst uns hinzutreten mit wahrhaftigem Herzen in voller Gewissheit des Glaubens, die Herzen besprengt und damit gereinigt vom bösen Gewissen und den Leib gewaschen mit reinem Wasser. Lasst uns festhalten an dem Bekenntnis der Hoffnung und nicht wanken.“* (Heb 10,19-23a; z.T. LU)

In Hebräer 3,1 heißt es, Jesus sei der „Hohepriester unseres Bekenntnisses." In Hebräer 4,14 steht, wir sollen „das Bekenntnis festhalten." In Hebräer 10,23 heißt es darüber hinaus, wir sollen es festhalten, ohne zu wanken (LU). Was sagt Ihnen das? Wenn Sie in einem Flugzeug sitzen, und es kommt die Durchsage, dass man die Gurte anlegen soll, was erwarten Sie dann? Turbulenzen. Wenn das Wort Gottes sagt, wir sollen das Bekenntnis ablegen, an dem Bekenntnis festhalten und nicht wanken, dann ist das so, als ob Gott sagt, wir sollen die Sicherheitsgurte anlegen, weil es Turbulenzen geben wird. Lassen Sie die Turbulenzen nicht dazu bringen, Ihren Gurt zu lösen. Dies ist der Zeitpunkt, an dem Ihr Zeugnis am meisten gebraucht wird – und am effektivsten ist. Halten Sie am richtigen Bekenntnis fest. Selbst wenn es im völligen Widerspruch zu allem steht, was um Sie herum geschieht: Das Wort Gottes ist wahr.

Sie werden feststellen, dass uns ein neuer und lebendiger Weg erschlossen wurde, um Zugang zum Allerheiligsten zu bekommen. In 3. Mose wird erläutert, dass der Hohepriester einmal im Jahr mit einem Weihrauchgefäß in das Heiligtum ging, das überall eine Duftwolke verbreitete und den Gnadenthron bedeckte. Das ist Anbetung. Doch er ging auch mit dem Blut des Opfers hinein und sprengte es siebenmal zwischen dem Vorhang und dem Gnadenthron. Einmal, zweimal, dreimal, viermal, fünfmal, sechsmal, siebenmal. Und dann strich er es auf die Ostseite (oder Vorderseite) des Gnadenthrons. Wenn also der Verfasser des Hebräerbriefes sagt, dass uns ein neuer und lebendiger Weg zur Freimütigkeit durch das Blut Jesu erschlossen wurde, denkt er dabei an dieses siebenfache sprengen des Blutes, und das Blut am Gnadenthron.

Wir können uns dem Thron des allmächtigen Gottes, dem heiligsten Ort im Universum, auf Grund des Blutes Jesu mit Freimütigkeit nähern. Wir haben direkten Zugang zu Gott. Und Sie können dem zustimmen, in dem Sie laut proklamieren:

Ich danke Dir, Herr, dass ich durch das versprengte Blut Jesu Zugang zu Deiner Gegenwart habe, zur Gegenwart des allmächtigen Gottes, dem heiligsten Ort im Universum.

Erlösung, Reinigung, Rechtfertigung, Heiligung, Leben, Fürsprache und Zugang. Das Blut Jesu – siebenmal versprengt – wirkt für uns auf siebenfache Weise. Doch denken Sie daran: Sie überwinden Satan durch das Blut des Lammes und das Wort Ihres Zeugnisses. So verankern Sie es in Ihrem Leben. So wenden Sie es an. Das ist es, was der Teufel fürchtet – und was Ihnen anhaltenden Sieg schenkt.

9. Der Tausch am Kreuz

Die Kraft unserer Proklamationen liegt alleine in der Tatsache, dass sie Gottes Worte und Gedanken widerspiegeln – nicht unsere. Um das, was wir in den letzten Kapiteln bearbeitet haben, fest zu fundieren, ist ein klares Verständnis dessen, was am Kreuz von Golgatha geschah, von immenser Bedeutung. Ein einzigartiges historisches Ereignis ist Dreh- und Angelpunkt der gesamten Evangeliumsbotschaft: Der Opfertod Jesu am Kreuz. Diesbezüglich sagt der Autor des Hebräerbriefes:

„Denn mit einem Opfer hat er die, die geheiligt werden, für immer vollkommen gemacht."   (Hebr 10,14)

Hier findet man zwei kraftvolle Ausdrücke: „Für immer" und „vollkommen". Zusammengenommen bezeichnen sie ein Opfer, das jede nur denkbare Not des gesamten Menschengeschlechts umfasst. Darüber hinaus reicht die Wirkung dieses Opfers über die Zeit hinaus in die Ewigkeit hinein. Auf der Grundlage dieses Opfers schreibt Paulus an die Philipper (4,19):

„Mein Gott aber wird alles, wessen ihr bedürft, erfüllen nach seinem Reichtum in Herrlichkeit in Christus Jesus."

„Alles, wessen ihr bedürft" – dies betrifft jeden Bereich Ihres Lebens – Ihren Körper, Ihre Seele, Ihren Verstand, Ihre Gefühle sowie Ihre finanziellen und materiellen Bedürfnisse. Es gibt nichts, was zu groß oder zu klein ist, dass

Gott nicht dafür Vorsorge getroffen hätte. Durch einen einzigen souveränen Akt seinerseits gab Gott in einem einzigartigen Moment der Geschichte eine allumfassende Antwort auf jede nur denkbare Not und jedes Leid der gesamten Menschheit.

Gott hat nicht eine Vielzahl unterschiedlicher Lösungen für die zahllosen Probleme der Menschheit parat. Statt dessen bietet er uns eine allumfassende Lösung an, die Antwort auf Probleme jeder Art gibt. Jeder von uns hat seinen eigenen Hintergrund und seine ganz persönlichen, spezifischen Nöte. Doch um Gottes Antwort darauf zu empfangen, müssen wir uns alle am selben Ort einfinden: Am Kreuz Jesu.

Sinn und Zweck des Kreuzes

Der Prophet Jesaja beschrieb am eindringlichsten, was am Kreuz geschah, und zwar 700 Jahre, bevor dieses Ereignis stattfand. In Jesaja 53,10 beschreibt der Prophet einen „Knecht Gottes", dessen Leben dem Herrn als Opfer für Sünden dargebracht wird. Die neutestamentlichen Autoren sind sich ausnahmslos darin einig, dass dieser namenlose „Knecht" niemand anderer als Jesus ist. Was Gott mit diesem Opfer bezweckt, wird in Jesaja 53,6 zusammengefasst:

„Wir alle irrten umher wie Schafe, wir wandten uns jeder auf seinen eigenen Weg; aber der Herr ließ ihn treffen unser aller Schuld."

Hier liegt das grundlegende universale Problem der gesamten Menschheit: Jeder einzelne von uns hat sich seinen eigenen Wegen zugewandt. Es gibt wohl bestimmte Sünden, die manche von uns nicht begangen haben, wie beispielsweise Mord, Ehebruch oder Diebstahl. Aber eines haben wir alle gemeinsam: Wir haben uns unserem eigenen Weg zugewandt. Und indem wir dies taten, haben wir

Gott unseren Rücken zugekehrt. Das hebräische Wort, das am besten zusammenfasst, was hier mit „Schuld" übersetzt wird, heißt „avon". Das entsprechende deutsche Wort, das der ursprünglichen Bedeutung am nächsten kommt, ist Rebellion – nicht gegen Menschen, sondern gegen Gott.

Allerdings gibt es im Deutschen kein Wort, weder Schuld noch Rebellion, das die vollständige Bedeutung von „avon" wiedergeben könnte. In seiner biblischen Anwendung drückt „avon" nicht nur den Aspekt der Schuld aus, sondern auch den Aspekt der Strafe, oder der unheilvollen Konsequenzen, die Schuld nach sich zieht.

Im 1. Buch Mose beispielsweise sagt Kain, nachdem Gott ihn wegen des Mordes an seinem Bruder verurteilt hatte: *„Zu groß ist meine Strafe, als dass ich sie tragen könnte."* Das Wort, welches hier mit Strafe übersetzt wird, ist „avon". Es drückt nicht nur Kains Schuld aus, sondern auch die Strafe, welche die Schuld nach sich zog.

In 3. Mose 16,22 sagte der Herr bezüglich des Sündenbocks, der am Versöhnungstag in die Wüste in den Tod geschickt wurde:

> *„... damit der Ziegenbock all ihre Schuld auf sich trägt in ein ödes Land ..."*

In dieser Symbolhandlung wird deutlich, dass der Bock nicht nur die Schuld der Israeliten trug, sondern auch deren Konsequenzen.

In Klagelieder 4 taucht „avon" zweimal auf – jedesmal mit der gleichen Bedeutung. In Vers 6 heißt es (wörtl. a.d. Englischen): *„Die Strafe für deine Schuld, o Tochter meines Volkes ..."*. Und wiederum in Vers 22: *„Die Strafe für deine Schuld, ... o Tochter Zion. ..."*. In beiden Fällen wird das kleine Wörtchen avon mit der ausführlichen Umschreibung „Strafe für deine Schuld" übersetzt. Dies macht deutlich, dass avon in seiner umfassenden Bedeutung nicht nur Schuld bedeutet, sondern auch alle unheilvollen Konsequenzen einschließt, die die begangene Schuld in Form eines göttlichen Gerichts nach sich zieht.

Dies trifft auch auf das Opfer Jesu am Kreuz zu. Jesus selbst hatte sich keiner einzigen Sünde schuldig gemacht. Der Prophet Jesaja sagt, dass er kein Unrecht begangen habe und kein Trug in seinem Mund gewesen sei (vgl. Jesaja 53,9). Doch in Vers 6 steht: „ ... *der Herr ließ ihn treffen unser aller Schuld (avon).* " Jesus wurde nicht nur mit unserer Schuld identifiziert. Er ertrug auch alle unheilvollen Konsequenzen dieser Schuld. Wie sein Vorläufer, der Sündenbock, hat er diese fortgetragen, auf dass sie niemals wieder zu uns zurückkehren.

Hier finden wir die wahre Bedeutung und den eigentlichen Zweck des Kreuzes. Am Kreuz fand ein von Gott verfügter Tausch statt. Jesus ertrug zunächst an unser Statt alle unheilvollen Konsequenzen, die uns auf Grund unserer Schuld gemäß Gottes Gerechtigkeit treffen sollten. Im Gegenzug bietet uns Gott all das Gute an, das dem sündlosen Gehorsam Jesu zugestanden wäre.

Noch kürzer gefasst: Das Unheil, das uns zusteht, kam auf Jesus, damit – im Gegenzug – das Gute, das Jesus zusteht, uns zuteil wird. Gott ist nun in der Lage, uns dies anzubieten, ohne mit seiner ewigen Gerechtigkeit in Konflikt zu kommen, weil Jesus an unserer Stelle schon jegliche Strafe erduldet hat, die wir auf Grund unserer Schuld verdient hätten.

Dieser Tausch entspringt allein der unergründlichen Gnade Gottes und kann nur im Glauben empfangen werden. Es gibt keinerlei logische Erklärung im Sinne von Ursache und Wirkung für dieses Handeln Gottes. Keiner

von uns hat jemals irgendetwas getan, das solch ein Angebot gerechtigt hätte. Und niemand kann auch nur das
Geringste dazu tun, es sich zu verdienen.

Vergebung und Heilung

Die Bibel offenbart eine Reihe verschiedener Aspekte dieses Tausches sowie viele verschiedene Bereiche, in
denen er anwendbar ist. Doch in jedem Fall kommt das
gleiche Prinzip zum Tragen:

**Das Unheil kam auf Jesus, damit uns das entsprechende
Gute angeboten werden könne.**

Die ersten beiden Aspekte dieses Tausches sind in Jesaja
53, 4-5 offenbart:

*„Jedoch unsere Leiden — er hat sie getragen, und unsere
Schmerzen — er hat sie auf sich geladen. Wir aber, wir
hielten ihn für bestraft, von Gott geschlagen und niederge-
beugt. Doch er war durchbohrt um unserer Vergehen willen, zerschlagen um unserer Sünden willen. Die Strafe lag
auf ihm zu unserm Frieden, und durch seine Striemen ist
uns Heilung geworden. "*

Hier sind zwei Wahrheiten miteinander verwoben. Die
eine betrifft die geistliche Ebene, die andere die physische.
Auf der geistlichen Ebene hat Jesus die Strafe erlitten, die
eigentlich uns auf Grund unserer Schuld zustünde, damit
wir, im Gegenzug, Vergebung empfangen und Frieden
mit Gott haben (Römer 5,1). Auf der physischen Ebene
trug Jesus unsere Krankheiten und Schmerzen, damit wir
durch seine Wunden Heilung empfangen könnten.

Der physische Aspekt dieses Tausches wird an zwei
Stellen des Neuen Testamentes bestätigt. Matthäus 8,16-
17 bezieht sich auf Jesaja 53,4 und berichtet, dass Jesus

„...alle Leidenden heilte ..., damit erfüllt würde, was durch den Propheten Jesaja geredet ist, der spricht: Er selbst nahm unsere Schwachheiten und trug unsere Krankheiten."

Und gleichermaßen bezieht sich der Apostel in 1. Petrus 2,24 auf Jesaja 53, 5-6, wenn er über Jesus sagt:

„... der unsere Sünden an seinem Leib selbst an das Holz hinaufgetragen hat, damit wir, den Sünden abgestorben, der Gerechtigkeit leben; durch dessen Striemen (Wunden) ihr geheilt worden seid."

Die beiden in diesen Versen genannten Aspekte des Tausches können wie folgt zusammengefasst werden:

Jesus wurde **bestraft**, damit uns **vergeben** werde.
Jesus wurde **verwundet**, damit wir **geheilt** würden.

Gottes Gerechtigkeit

Ein dritter Aspekt des Tausches ist in Jesaja 53, 10 offenbart. Hier wird gesagt, dass der Herr die Seele Jesu als „Schuldopfer" gab. Dies muss man vor dem Hintergrund der mosaischen Ordnungen für die verschiedenen Formen des Sündopfers verstehen. Die Person, die gesündigt hatte, musste das Opfertier – ein Schaf, eine Ziege, einen Ochsen oder ein anderes Tier – dem Priester bringen. Dann bekannte diese Person ihre Sünde über dem Opfertier und der Priester übertrug symbolisch die genannte Sünde vom Menschen auf das Opfertier. Danach wurde das Opfer getötet und ertrug somit die Strafe für die Sünde, die auf das Tier übertragen worden war.

Gott wusste schon im voraus, dass damit das endgültige, allumfassende Opfer Jesu angedeutet werden sollte. Am Kreuz wurde die Sünde der ganzen Welt auf die Seele Jesu übertragen. Die Folge davon wird in Jesaja 53,12 beschrieben: *„... Er ging in den Tod..."* (GN). Durch seinen stellvertretenden Opfertod bewirkte Jesus Sühne für die Sünde der gesamten Menschheit.

In 2. Korinther 5,21 bezieht sich Paulus auf Jesaja 53,10 und weist gleichzeitig auf die positive Seite dieses Tausches hin:

„Den, der Sünde nicht kannte (Jesus), hat er (Gott) für uns zur Sünde gemacht, damit wir Gottes Gerechtigkeit würden in ihm."

Paulus spricht hier nicht über eine Form von Gerechtigkeit, die wir durch unsere eigenen Bemühungen erreichen könnten, sondern vielmehr von Gottes eigener Gerechtigkeit – einer Gerechtigkeit, die niemals mit Sünde in Berührung kam. Niemand von uns kann sie sich jemals verdienen. Seine Gerechtigkeit steht so hoch über unserer eigenen Gerechtigkeit wie der Himmel über der Erde. Sie kann allein durch Glauben empfangen werden.

Diesen dritten Aspekt des Tausches könnte man folgendermaßen zusammenfassen:

Jesus wurde **mit unserer Sündhaftigkeit zur Sünde gemacht**, damit wir **mit seiner Gerechtigkeit gerecht gemacht würden**.

Leben bis in Ewigkeit

Der nächste Aspekt des Tausches ist die logische Folge des vorherigen. Die gesamte Bibel, das Alte wie auch das Neue Testament, hebt hervor, dass die letztendliche Konsequenz der Sünde der Tod ist. In Hesekiel 18,4 sagt der Herr: *„Die Seele, die sündigt, sie soll sterben."* In Jakobus 1,15 sagt der Apostel: *„ ... die Sünde aber, wenn sie vollendet* *ist, gebiert den Tod.*" Als Jesus mit unserer Sünde identifiziert wurde, war es unvermeidlich, dass er auch den Tod als Folge der Sünde erfahren würde.

Bestätigend heißt es in Hebräer 2,9, dass *„Jesus ein wenig unter die Engel erniedrigt war, … damit er durch Gottes Gnade für jeden den Tod schmeckte.*" Der Tod, den er starb, war die unausweichliche Folge der menschlichen Sünde, die er auf sich genommen hatte. Er trug die Sünde aller Menschen und starb damit den Tod, den alle Menschen verdient haben.

Im Gegenzug bietet Jesus allen Menschen, die sein stellvertretendes Sühneopfer annehmen, die Gabe des ewigen Lebens an. In Römer 6,23 stellt Paulus diese beiden Alternativen einander gegenüber:

> *„Denn der gerechte Lohn der Sünde ist der Tod, die unverdiente Gnadengabe Gottes aber ewiges Leben in Christus Jesus, unserem Herrn.*"

So kann der vierte Aspekt des Tausches wie folgt zusammengefasst werden:

Jesus starb unseren **Tod**, damit wir sein **Leben** empfangen könnten.

Materieller Überfluss

Einen weiteren Aspekt des Tausches nennt Paulus in 2. Korinther 8,9:

> *„Denn ihr kennt die Gnade unseres Herrn Jesus Christus, dass er, da er reich war, um euretwillen arm wurde, damit ihr durch seine Armut reich würdet.*"

Der Tausch ist klar: Von Armut zu Reichtum. Jesus wurde arm, damit wir im Gegenzug reich würden.

Wann wurde Jesus arm? Manche gehen davon aus, dass Jesus bereits während seines Dienstes auf Erden arm gewesen sei. Aber dies war nicht der Fall. Es stimmt, dass er nicht viel Geld mit sich trug. Aber er hatte zu keiner Zeit irgendeinen Mangel. Und als er seine Jünger aussandte, litten diese ebenfalls keinen Mangel (vgl. Lk 22,35). Im Gegenteil. Da sie selbst alles andere als arm waren, übten sich Jesus und seine Jünger regelmäßig darin, den Armen etwas zukommen zu lassen (vgl. Joh 12,4-8; 13,29).

Es stimmt wohl, dass die Methoden Jesu, an Geld zu kommen manchmal unkonventionell waren. Aber Geld hat immer den gleichen Wert, unabhängig davon, ob es von der Bank oder aus dem Maul eines Fisches stammt (vgl. Mt 17,27). Auch die Art und Weise, wie er seine Gäste bewirtete, war manchmal ungewöhnlich. Aber jemand, der in der Lage ist, 5.000 Männern (plus Frauen und Kindern) eine vollwertige Mahlzeit zukommen zu lassen, gilt normalerweise nicht als arm (vgl. Mt 14, 15-21).

In der Tat war Jesus während seines Dienstes auf Erden das perfekte Beispiel für jemanden, der gemäß der biblischen Definition dieses Wortes im „Überfluss" lebt: Er hatte immer alles, was er benötigte, um in seinem Leben den Willen Gottes zu tun. Und darüber hinaus war er beständig in der Lage, anderen zu geben – ohne dass sein Vorrat jemals erschöpft worden wäre.

Wann also wurde Jesus um unseretwillen arm? Die Antwort lautet: Am Kreuz. Im 5. Buch Mose 28,48 benutzte Mose vier Begriffe, um äußerste Armut auf treffende Weise zu beschreiben: Hunger, Durst, Blöße und Mangel an allem. All dies traf auf Jesus am Kreuz in vollem Maße zu.

Er war *hungrig*. Er hatte fast 24 Stunden lang nichts gegessen.

Er war *durstig*. Eines seiner letzten Worte waren: „Mich dürstet." (Joh 19,28)

Er war *nackt*. Die Soldaten hatten ihm all seine Kleidung abgenommen. (Joh 19,23)

Er hatte *Mangel an allem*. Er hatte nichts mehr, was er sein Eigen nennen konnte. Nach seinem Tod wurde er in ein fremdes Leintuch gehüllt und in ein fremdes Grab gelegt. Somit hat Jesus in der präzisen und vollständigen Bedeutung des Wortes absolute *Armut* um unseretwillen auf sich genommen.

In 2. Korinther 9,8 erläutert Paulus die positive Seite dieses Aspekts des Tausches näher:

> *„Gott aber vermag euch jede Gnade überreichlich zu geben, damit ihr in allem allezeit alle Genüge habt und überreich seid zu jedem guten Werk."*

Paulus betont ausdrücklich, dass die Grundlage dieses Tausches allein Gottes *Gnade* ist. Diese kann niemals verdient werden. Sie kann nur im Glauben empfangen werden.

Oftmals wird unser „Überfluss" dem Überfluss Jesu ähneln, als er auf der Erde war. Wir werden nicht große Geldbeträge mit uns tragen oder große Ersparnisse auf der Bank haben. Aber wir werden Tag für Tag genug haben und dazu noch übrig, um etwas an Bedürftige abzugeben.

Ein wichtiger Grund für diese Art der Versorgung wird in Apostelgeschichte 20,35 angedeutet. Dort wird Jesus mit den Worten zitiert: *„Geben ist seliger als Nehmen."* Es ist Gottes Wille, dass alle seine Kinder den „größeren Segen" genießen sollen. Deshalb stattet er uns mit genug für uns selbst und für die Bedürfnisse anderer aus.

Dieser fünfte Aspekt des Tausches kann wie folgt zusammengefasst werden:

Jesus ertrug unsere **Armut**, damit wir an seinem **Reichtum** teilhaben könnten.

Heilung der Seele

Der Tausch am Kreuz umfasst auch jegliche Form gefühlsmäßiger Not, die wir als Folge der Sünde erleiden. Auch dafür hat Jesus das Unheil erlitten, damit wir im Gegenzug das Gute genießen dürfen. Zwei der grausamsten Wunden, die wir als Folge von Sünde erleben können, sind *Scham* und *Ablehnung*. Beides erfuhr Jesus am Kreuz.

Scham kann in verschiedenen Formen wirksam werden und reicht von einer situationsbezogenen Verlegenheit bis hin zu einem allumfassenden Lebensgefühl der völligen Unwürdigkeit, die eine Person unfähig macht, tiefgehende Gemeinschaft mit Gott oder Menschen zu erfahren. Einer der häufigsten Gründe, warum Menschen unter Scham leiden – und die Zahl der Betroffenen in unserer Gesellschaft nimmt laufend zu – ist jegliche Form des sexuellen Missbrauchs in der Kindheit. Dieser hinterlässt oftmals Narben, die nur durch die Gnade Gottes wieder geheilt werden können.

Der Autor des Hebräerbriefes bezog sich auf Jesus am Kreuz, als er sagte (Hebr 12,2):

> „… der die Schande (Scham) nicht achtete und das Kreuz erduldete…"

Die Todesstrafe am Kreuz war die erniedrigendste aller Todesarten und den schlimmsten Verbrechern vorbehalten. Die Person, die das Todesurteil erdulden musste, wurde jeglicher Kleidung beraubt und war völlig nackt den Blicken und höhnischen Rufen der Passanten ausgesetzt. Dieses Maß an Scham erduldete Jesus, als er am Kreuz hing (Matth 27,35-44).

Anstelle der Scham, die Jesus ertrug, möchte Gott, dass jeder Mensch, der ihm vertraut, an seiner ewigen Ehre teilhat. In Hebräer 2,10 heißt es:

> *„Denn es war angemessen, dass Gott, ... der viele Söhne zur Herrlichkeit führen wollte, den Urheber Ihres Heils (Jesus) durch Leiden vollendete. "* (Einheitsübersetzung)

Dadurch, dass Jesus die Scham des Kreuzestodes ertrug, bahnte er einen Weg, damit alle Menschen, die ihm vertrauen, von ihrer eigenen Scham befreit werden. Und damit nicht genug. Er gibt uns Anteil an seiner Ehre, auf die er ein ewiges Recht hat!

Es gibt eine Wunde, die oft sogar noch schmerzlicher ist als Scham – *Ablehnung*. Gewöhnlich entspringt diese einer gestörten Beziehung. Die frühstmögliche Form von Ablehnung betrifft Kinder, die von ihren eigenen Eltern abgelehnt werden. Diese Ablehnung mag auf aktive, schroffe Weise ausgedrückt werden, oder einfach dadurch, dass versäumt wird, Liebe und Annahme zu geben. Wenn eine schwangere Frau gegenüber dem Baby in ihrem Bauch negative Gefühle hegt, wird das Kind wahrscheinlich mit einem Gefühl der Ablehnung geboren werden – ein Gefühl, das ihm unter Umständen sein ganzes Leben hindurch bis zu seinem Tod bleibt.

Eine gescheiterte Ehe ist eine andere häufige Ursache von Ablehnung. Die Worte Jesajas (54,6) drücken diese Erfahrung auf sehr anschauliche Weise aus:

„Denn wie eine entlassene und tiefgekränkte Frau hat dich der Herr gerufen und wie die Frau der Jugend, wenn sie verstoßen ist, – spricht dein Gott."

Gottes Angebot, die Wunde der Ablehnung zu heilen, wird in Matthäus 27,46 und 50 dargestellt, wo der Höhepunkt des Leidens Jesu geschildert wird:

„... um die neunte Stunde aber schrie Jesus mit lauter Stimme auf und sagte: Eli, Eli, lemá sabachtháni? Das heißt: Mein Gott, mein Gott, warum hast du mich verlassen? ... Jesus aber schrie wieder mit lauter Stimme und gab den Geist auf."

Zum ersten Mal in der Geschichte des Universums wandte sich der Sohn an den Vater – ohne eine Antwort zu bekommen! Jesus war so gänzlich mit der Sünde der Menschheit identifiziert, dass Gott auf Grund seiner kompromisslosen Heiligkeit seinen eigenen Sohn ablehnen musste. Somit ertrug Jesus Ablehnung in seiner schmerzlichsten Ausprägung: Die Ablehnung durch den eigenen Vater. Jesus starb fast unmittelbar nach dieser Erfahrung – nicht an den körperlichen Wunden infolge der Kreuzigung – sondern an einem durch Ablehnung gebrochenen Herzen.

Der Bericht des Matthäus fährt unmittelbar fort (Mt 27,51):

„Und siehe, der Vorhang des Tempels zerriss in zwei Stücke, von oben bis unten; und die Erde erbebte, und die Felsen zerrissen ..."

Dieser Akt ist eine symbolhafte Darstellung dafür, dass jetzt der Weg offen steht, dass sündhafte Menschen mit einem heiligen Gott unmittelbare Gemeinschaft pflegen dürfen. Die Ablehnung Jesu machte den Weg für uns frei, dass wir von Gott als seine Kinder angenommen sind. Paulus fasst dies in Epheser 1,5-6 folgendermaßen zusammen:

> „ ... der uns zur Adoption als Söhne vorherbestimmt hat durch Jesus Christus ... er (Gott) hat uns angenommen in dem Geliebten. "
> (wörtl.a.d.Engl.)

Die Ablehnung Jesu bewirkt unsere Annahme.

Gottes Heilmittel gegen Scham und Ablehnung war noch nie so notwendig wie in unserer heutigen Zeit. Ich schätze, dass mindestens ein Viertel aller erwachsenen Menschen, die heute auf der Welt leben, unter Scham oder Ablehnung leiden. Ich habe schon oft die grenzenlose Freude erfahren, die darin liegt, so jemanden auf die Heilung hinweisen zu dürfen, die vom Kreuz Jesu fließt.

Die zwei Aspekte des Tausches am Kreuz, die das Gefühlsleben betreffen und eben näher analysiert worden sind, können folgendermaßen zusammengefasst werden:

Jesus ertrug unsere **Scham** (Schande), damit wir seiner **Ehre** teilhaftig würden.

Jesus ertrug unsere **Ablehnung**, damit wir seine **Annahme** beim Vater hätten.

Diese beiden Aspekte betreffen einige der grundlegendsten und dringlichsten Nöte der Menschheit, decken diesen Bereich allerdings in keiner Weise umfassend ab. Doch auch dafür hat Jesus am Kreuz Vorsorge getroffen. Tatsächlich gibt es keine einzige Not, die der Mensch in Folge seiner Sündhaftigkeit erfährt, die nicht durch das gleiche Prinzip des Tausches abgedeckt wäre:

Das Unheil kam auf Jesus, damit uns das Gute zugänglich wäre.

Wenn wir lernen, diese Wahrheit auf unser Leben anzuwenden, setzt dies Gottes Antwort für jede nur denkbare Not frei.

Segen

Es bleibt schließlich noch ein äußerst wichtiger Aspekt des Tausches, gewissermaßen der Höhepunkt, den Paulus in Galater 3,13-14 beschreibt:

> *„Christus hat uns losgekauft von dem Fluch des Gesetzes, indem er ein Fluch für uns geworden ist – denn es steht geschrieben: „Verflucht ist jeder, der am Holz hängt!" -, damit der Segen Abrahams in Christus Jesus zu den Nationen komme, damit wir die Verheißung des Geistes durch den Glauben empfingen."*

Paulus bringt den Tod Jesu am Kreuz mit einem Aspekt des mosaischen Gesetzes in Zusammenhang, das in 5. Mose 21,23 zu finden ist. Demnach kam jede Person, die am „Holz" (genauer: ein Galgen aus Holz) hängt, unter den Fluch Gottes. Dann weist Paulus auf das Gegenteil hin: den Segen.

So bedarf es keines Theologen, um diesen Aspekt des Tausches zu erkennen:

Jesus wurde zum **Fluch**, damit uns der **Segen** zuteil werde.

Der Fluch, der auf Jesus kam, wird etwas genauer als „der Fluch des Gesetzes" definiert. Im 5. Buch Mose finden wir eine umfassende Liste sowohl der Segnungen infolge des Gehorsams gegenüber dem Gesetz als auch der Flüche als Folge des Ungehorsams. Die Flüche, die in 5. Mose 28,15-68 aufgelistet sind, können wie folgt zusammengefasst werden:

Demütigung
Unfruchtbarkeit
Geistige und körperliche Krankheit
Zerstörte Familienbeziehungen
Armut
Niederlage
Bedrückung
Versagen
Gottes Missgunst

Treffen mehrere dieser Worte auf bestimmte Bereiche Ihres Lebens zu? Gibt es Dinge, die wie ein dunkler Schatten über Ihrem Leben liegen und über lange Zeit das Sonnenlicht des Segens Gottes von Ihrem Leben ferngehalten haben? Dann ist es wahrscheinlich, dass die Wurzel Ihrer Probleme ein Fluch ist, von dem Sie freigesetzt werden müssen.

Um den ganzen Schrecken des Fluches nachvollziehen zu können, der auf Jesus kam, können Sie einmal versuchen, sich in seine Lage dort am Kreuz hineinzuversetzen.

Jesus war von seinem Volk abgelehnt, von einem seiner Nachfolger verraten und von allen anderen Jüngern im Stich gelassen worden (wenngleich einige später zurückkamen und Zeugen seiner Todesstunde wurden). Er hing nackt zwischen Himmel und Erde. Unzählige Wunden peinigten seinen Körper. Die Schuld der gesamten Menschheit lastete auf seiner Seele. Die Erde hat ihn zurückgewiesen, und auch der Himmel versagte seinem Rufen eine Antwort. Sein Lebensblut floss auf den staubigen, trockenen Boden, während die Sonne ihren Schein verhüllte und er von völliger Dunkelheit umgeben wurde. Doch zuletzt, nur wenige Augenblicke, bevor er sein Leben aushauchte, rief er seine letzten, triumphierenden Worte in die Finsternis hinein : *„Es ist vollbracht!"*

Im griechischen Originaltext besteht die Formulierung „Es ist vollbracht" nur aus einem Wort. Es ist die Vergangenheitsform (Perfekt) eines Verbs mit der Grundbedeutung „etwas vollenden" oder „etwas vollkommen machen". Im Deutschen könnte man das etwa folgendermaßen wiedergeben: „Es ist völlig vollendet" oder „es ist vollkommen vollkommen."

Jesus hat jegliche unheilvolle Konsequenz auf sich genommen, die infolge von Rebellion auf die Menschheit kam. Er hat an sich jeden Fluch erduldet, der als Folge des Ungehorsams gegenüber Gottes Gesetz uns zukam. Und all dies hat er getan, damit uns jeglicher Segen infolge seines Gehorsams zuteil werden kann. Dieses Opfer ist ungeheuerlich in seiner Tragweite und doch so ergreifend in seiner Einfachheit.

Ihre Antwort?

Können Sie diese Darlegung des Opfertodes Jesu und all dessen, was er für Sie dabei erwirkt hat, im Glauben akzeptieren? Sehnen Sie sich danach, in die Fülle der Vorsorge Gottes einzutreten?

Es gibt ein Hindernis, das jeder einzelne von uns zuerst aus dem Weg räumen muss – unvergebene Sünde. Haben Sie schon feste Gewissheit darüber erlangt, dass Ihre Sünden auf Grund des Opfertodes Jesu vergeben worden sind? Wenn nicht, dann müssen Sie an diesem Punkt anfangen.

Es genügt ein einfaches Gebet:

Gott, ich erkenne an, dass ich ein Sünder bin und dass es unvergebene Sünde in meinem Leben gibt. Doch ich glaube, dass Jesus die Strafe dafür erlitten hat, damit ich Vergebung bekommen kann. Und so bitte ich Dich jetzt: Vergib mir all meine Sünden – in Jesu Namen, Amen.

Gottes Wort verspricht uns: *„Wenn wir unsere Sünden bekennen, ist er treu und gerecht, dass er uns die Sünden vergibt und uns reinigt von jeder Ungerechtigkeit."* (1 Joh 1,9). Nehmen Sie Gott bei seinem Wort! Glauben Sie jetzt, dass er Ihnen in diesem Moment all Ihre Sünden vergeben hat!

Glauben und Danken

Es gibt einen einfachen Weg, diesen Glauben zum Ausdruck zu bringen – die einfachste und reinste Ausdrucksform echten Glaubens: danke sagen.

Zögern Sie nicht, dem Herrn zu danken. Sagen Sie zu ihm: „Danke! Danke, Herr Jesus, dass Du bestraft worden bist, damit ich Vergebung bekommen kann. Ich verstehe nicht alles, aber ich glaube es, und ich bin so dankbar dafür!"

Jetzt, da das Hindernis der Sünde aus dem Weg geräumt worden ist, steht der Weg offen, in alle anderen Dinge einzutreten, die Gott Ihnen auf Grund des Kreuzes zur Verfügung stellt. Wie bei der Vergebung der Sünden bedarf es in jedem Fall nur des schlichten Glaubens an das Wort Gottes.

Jeder von uns hat ganz spezielle Nöte. Deshalb muss jeder auf ganz persönliche Weise zu Gott kommen und seine dafür getroffene Vorsorge annehmen. Nachfolgend gebe ich eine allgemein gehaltene Formulierung, die Ihnen helfen kann, die anderen guten Dinge, die in diesem Büchlein näher beschrieben worden sind, in Anspruch zu nehmen:

Herr Jesus, ich danke Dir, dass Du verwundet worden bist, damit ich geheilt werden kann.

Herr Jesus, ich danke Dir, dass Du mit meiner Sündhaftigkeit zur Sünde gemacht worden bist, damit ich mit Deiner Gerechtigkeit gerecht gemacht werden kann.

Herr Jesus, ich danke Dir, dass Du meinen Tod gestorben bist, damit ich Dein Leben empfangen kann.

Herr Jesus, ich danke Dir, dass Du meine Armut ertragen hast, damit ich an Deinem Reichtum teilhaben kann.

Herr Jesus, ich danke Dir, dass Du meine Scham ertragen hast, damit ich an Deiner Ehre Anteil haben kann.

Herr Jesus, ich danke Dir, dass Du meine Ablehnung ertragen hast, damit ich Deine Annahme beim Vater haben kann.

Herr Jesus, ich danke Dir, dass Du zum Fluch geworden bist, damit mir der Segen zuteil werden kann.

Jede Sache, für die Sie gebetet haben, wird Ihnen schrittweise zuteil werden. Ihr Gebet war der Ausgangspunkt, ab dem die Kraft Gottes in Ihr Leben hinein freigesetzt wird. Doch das ist nur ein Anfang. Damit sich die Dinge, um die Sie gebeten haben, in Ihrem Leben voll und ganz entfalten können, müssen Sie drei Dinge tun:

1. Erkunden Sie selbst die betreffenden Wahrheiten in der Bibel.

2. Bekräftigen Sie immer wieder den bestimmten Aspekt des Tausches, der auf Sie zutrifft.

3. Bekräftigen Sie immer wieder Ihren Glauben, indem Sie Gott für das danken, was er für Sie vorgesehen hat.

Je mehr Sie Gott danken, desto mehr werden Sie glauben, was er für Sie getan hat. Und je mehr Sie dies glauben, desto mehr werden Sie ihm danken.

Diese beiden Dinge – glauben und danken, danken und glauben – sind wie eine Wendeltreppe, die Sie zunehmend in die ganze Fülle der Vorsorge Gottes hineinführen wird.

Über den Autor

Derek Prince wurde 1915 als Sohn britischer Eltern in Indien geboren und erhielt seine Ausbildung an zwei der angesehensten Institutionen Englands: am Eton College und an der Universität Cambridge. Im Alter von 24 Jahren wurde er in Cambridge zum Professor der Philosophie ernannt.

Als er im 2. Weltkrieg in die Britische Armee einberufen wurde, nahm er eine Bibel mit, um sie als „ein philosophisches Werk" zu studieren. Eines nachts, als er allein auf seiner Stube war, wurde er mit der Realität Jesu Christi konfrontiert, nahm ihn als Herrn und Heiland an, und die Ausrichtung seines Lebens änderte sich von Grund auf. Seit diesem Ereignis hat Derek Prince das Wort Gottes studiert, analysiert, darüber meditiert und es gelehrt. Heute wird er als einer der führenden Bibellehrer unser Zeit international anerkannt.

Seine täglich ausgestrahlten Radiosendungen erreichen die meisten Länder der Erde, und sind unter anderem in fünf verschiedene chinesische Sprachen, auf Spanisch, Russisch, Mongolisch, Tonganisch und Arabisch übersetzt worden.

Sein Lehrmaterial – mehr als 60 Bücher mit Übersetzungen in über 50 Sprachen, sowie etwa 400 Audio- und

150 Videobotschaften – legen eine Grundlage im Leben christlicher Leiter in der ganzen Welt.

Das internationale Büro von *Derek Prince Ministries* befindet sich in Charlotte, North Carolina (USA). Darüber hinaus gibt es weitere Büros in verschiedenen Ländern und Erdteilen.

Verzeichnis bisher erschienener Bücher und Booklets von Derek Prince

**Hunderte von Audio- und Videobotschaften von Derek Prince unter
www.ibl-dpm.net**

Einige der weiteren Bücher von Derek Prince ...

Fundamente des christlichen Glaubens

In diesem Buch legt Derek Prince die Fundamente des christlichen Glaubens nicht nur sehr klar und bibeltreu aus, er gibt außerdem noch konkrete Anweisung dazu, wie man diese grundlegenden Erkenntnisse im Alltag siegreich anwenden kann.

Pb. 580 Seiten, Bestell-Nr.: B36GE

Ihr werdet Kraft empfangen!

Gott möchte, dass Sie ganz natürlich ein übernatürliches Leben führen. Derek Prince erläutert in seiner einzigartig klaren Art und Weise, wie man die Fülle des Heiligen Geistes empfängt und sein Wirken im Alltag mehr und mehr wahrnimmt.

Pb. 144 Seiten, Bestell-Nr.: B68GE

Die Waffe des Betens und Fastens

In diesem Buch erläutert Derek Prince anhand des Wortes Gottes sowie persönlicher Beispiele, wie Christen Weltereignisse durch die einfachen aber wirksamen Mittel des Betens und Fastens verändernd beeinflussen können.

Pb. 176 Seiten, Bestell-Nr.: B25GE

Gottes Wort heilt

In diesem Buch teilt der Bestsellerautor und Bibellehrer Derek Prince aufregende Erfahrungen mit, die er selbst, sowie andere Personen bezüglich übernatürlicher Heilungen erlebt haben. Anhand der Wahrheiten der Bibel erläutert Derek in seiner klaren und leicht verständlichen Art, wie man göttliche Heilung in Anspruch nehmen kann.

Pb. 224 Seiten, Bestell-Nr.: B98GE

Durch die Zusendung des nebenstehenden Antwortcoupons können Sie:

1) Ihre kostenlose Audio-Botschaft **„Durch Proklamation regiert die Gemeinde"** bestellen.
2) Unseren kostenlosen Gesamtkatalog bzw. weitere Informationen über den Dienst von IBL anfordern.

Die **kostenlose** Ergänzung zu diesem Buch ...

Durch Proklamation regiert die Gemeinde

Die Wahrheiten der Bibel laut auszusprechen – sprich zu proklamieren – setzt Gottes Kraft in unserem Alltag frei. Derek erklärt, was die Bibel dazu sagt.

☐ Ja, ich hätte gerne kostenlos die Audio-Botschaft **„Durch Proklamation regiert die Gemeinde"** als CD

(Eine Spende zur Deckung der Kosten ist willkommen, aber **nicht** notwendig)

Name: _____

Straße: _____

PLZ/Ort: _____

Tel:/Fax: _____

Coupon einfach abtrennen, und uns in einem Umschlag per Post zuschicken.

Entsprechende IBL-Anschrift sowie Ihren Namen und Ihre Anschrift bitte nicht vergessen

Bitte übersenden Sie mir:

☐ den deutschen Gesamtkatalog

☐ den englischen Gesamtkatalog
(Schutzgebühr 2,00 € / CHF 3,00)

☐ Informationen über Material in der/den folgenden Fremdsprache(n):

☐ Ihren aktuellen Missionsbrief

☐ Ihre aktuelle Botschaft des Monats als CD auf

  ☐ Deutsch ☐ Englisch

zum Kennenlernen.

(Preis je Botschaft: 4,95 € / CHF 8,00)

A N T W O R T

IBL-

(IBL-Anschriften siehe links)

IBL-Deutschland
Schwarzauer Str. 56
D-83308 Trostberg

IBL-DPM Schweiz
Alpenblick 8
CH-8934 Knonau